COLLECTION TERRA

L'Allemand

texte, traduction : Patrick del DUCA
Maquette, mise en page ; Rémi Brugière
Illustrations : Jala - Christine Ponchon - Pierre Quentin - Géoatlas
Conception ; Henri Medori
Photos couverture Fotolia ; © Ohrauge, © Felix Horstmann

ISBN 978-2-84259-267-7
2e trimestre 2009

L'allemand

La langue allemande

La langue allemande est une langue germanique de l'Ouest, au même titre que l'anglais ou le néerlandais. Elle est la langue officielle de l'Allemagne, de l'Autriche, et l'une des quatre langues officielles de la Confédération helvétique ainsi que l'une des trois langues officielles de la Belgique. Elle est parlée par environ 95 millions de locuteurs en Europe dont 82 millions vivent en Allemagne et 8 millions en Autriche. Par ailleurs, cette langue est souvent comprise dans certains pays de l'est de l'Europe, comme la Hongrie, la Slovaquie et la République tchèque. Si l'allemand moderne est une langue homogène, il existe cependant des différences notables entre les régions septentrionales et les contrées plus méridionales de l'espace germanophone. Ces disparités sont dues non seulement à des accents différents selon les régions, mais aussi à une forte influence des dialectes, notamment dans le Sud de l'Allemagne, en Autriche et en Suisse. N'oublions pas que, dans certaines régions françaises (l'Alsace, le pays mosellan), une grande partie de la population parle encore des dialectes germaniques.

Carte d'identité

Nom : République fédérale d'Allemagne (Bundesrepublik Deutschland); État fédéral composé de 16 Länder
Capitale : Berlin
Président : Horst Köhler
Chancelier : Angela Merkel
Superficie : 357 000 km^2
Population : 82 millions d'habitants
Densité de pop. : 231 habitants/km^2
Langue officielle : allemand ; d'autres langues parlées par des minorités sont également reconnues officiellement; le danois, le frison, le bas-allemand, le sorabe (langue slave parlée à l'est de l'Allemagne)
Régime politique : démocratie parlementaire
Monnaie : euro (€)
Domaine internet : .de
Indicatif téléphonique : 00 49
Début de l'hymne national :
« Einigkeit und Recht und Freiheit »
(« Unité, droit et liberté »)

L'allemand, une langue difficile ?

L'allemand a la réputation d'être une langue difficile, ce qui est faux ! La grammaire est rigoureuse et cohérente, les règles d'orthographe sont logiques, surtout depuis la réforme de l'orthographe mise en application depuis 1998. Les mots allemands qui paraissent si longs aux locuteurs français sont en réalité composés de plusieurs substantifs. Ainsi, un mot apparemment difficile comme Geburtstagskind se compose de deux substantifs principaux : das Kind qui désigne l'enfant, et der Geburtstag qui signifie « anniversaire » ; das Geburtstagskind est donc celui dont on souhaite l'anniversaire. Ce dernier nom se compose lui-même de die Geburt, « la naissance », et der Tag, « le jour » : der Geburtstag signifie donc littéralement « le jour de la naissance » ; on remarquera au passage que les éléments sont souvent liés les uns aux autres par un –« s »- et qu'ils sont inversés par rapport à l'ordre propre au français (der Geburtstag signifie littéralement le naissance-jour). Ce qui diffère vraiment de la langue française et des langues latines en général est la syntaxe allemande, c'est-à-dire l'ordre des mots dans la phrase. Dans une proposition principale (c'est-à-dire une proposition indépendante par opposition à une proposition dépendante comme une subordonnée ou une relative), le verbe conjugué est toujours le deuxième élément de la phrase.

Ainsi en français : Aujourd'hui | je | vais | au supermarché.
❶ ❷ ❸ ❹

et en allemand : Heute gehe ich zum Supermarkt.
(Aujourd'hui | vais | je | au supermarché.)
❶ ❷ ❸ ❹

Une telle structure n'est d'ailleurs pas propre à l'allemand ; on la retrouve dans toutes les langues germaniques (néerlandais, danois, suédois, norvégien, islandais), sauf en anglais.
Dans une proposition dépendante (subordonnée ou relative), le verbe conjugué est placé à la fin de la proposition dépendante :
On dira en français : Il pense qu'il a toujours raison et en allemand :
Er denkt, dass er immer recht hat.
(Littéralement : Il pense qu'il toujours raison a.)
Une fois que l'on s'est familiarisé avec les principales particularités de l'allemand, apprendre à s'exprimer dans cette langue est relativement simple. Cet effort est d'ailleurs souvent récompensé par les Allemands qui son agréablement surpris de voir un Français se donner la peine de parler leur langue.

Deux règles essentielles à retenir

En allemand, tous les substantifs (noms communs) prennent une majuscule;

der Hund (le chien), die Katze (le chat).

L'adjectif épithète est toujours placé avant le substantif auquel il se rapporte.

Exemple;
der neue Wagen
(la voiture neuve).

l'alphabet

Lettres	Prononciations	Lettres	Prononciations
À, a	a	N, n	èn
B, b	b	O, o	o
C, c	tsé	P, p	pé
D, d	dé	Q, q	cou
E, e	é	R, r	èr
F, f	èf	S, s	ès
G, g	gué	T, t	té
H, h	ha (aspiré)	U, u	ou
I, i	i	V, v	fao
J, j	yott	W, w	vé
K, k	ka	X, x	iks
L, l	èl	Y, y	upsilon
M, m	èm	Z, z	tsèt

Caractères spécifiques à l'allemand	
Ä (Ae), ä	è
Ö (Oe), ö	eu
Ü (Ue), ü	u
ß	ès tsèt

Prononciation

Les voyelles

Certaines voyelles se prononcent différemment en français et en allemand ou sont propres à l'allemand;

– **u** se prononce comme le **ou** français (der Kuckuck, le coucou) ;

– **ä** se prononce comme le **è** français (der Sekretär, le secrétaire) ;

– **ö** se prononce comme le **eu** français si la voyelle est longue ou comme le **œ** du mot **œuf** si elle est brève (die Höhle, la grotte – eu long ; die Hölle, l'enfer – œ bref) ;

– **ü** se prononce comme le **u** français (früh, tôt).

Les diphtongues

Une diphtongue en allemand est un groupe de deux voyelles constituant un seul son ; l'allemand possède cinq diphtongues donnant trois sons différents;

– **ai** ou **ei** correspondent au son français que l'on a dans **aïl** ou **aille** ; der Kaiser (l'empereur), gleich (tout de suite) ;

– **au** correspond à peu près à un **a** bref suivi d'un **ou** bref, prononcé presque comme un **o**; die Maus (la souris ; cf. anglais « mouse »), glauben (croire) ;

– **eu** et **äu** se prononcent **oy** comme dans le mot anglais « boy » ; gläubig (croyant), deutsch (allemand).

Les voyelles peuvent être **longues** ou **brèves**; elles sont brèves lorsqu'elles sont suivies de deux consonnes identiques (**exemple; der Sattel, la selle ; die Mutter, la mère ; hell, clair ; das Schiff, le navire**) et sont généralement brèves lorsqu'elles sont suivies de deux consonnes différentes (**die Bremse, le frein ; die Brücke, le pont ; das Opfer, la victime**).

Les voyelles doubles aa (der Aal, l'anguille), **oo** (das Moor, le marais), **ee** (die Beere, la baie… que l'on mange) sont toujours longues.
Une voyelle est toujours longue lorsqu'elle est suivie d'un **h** (mahlen, moudre ; die Uhr, l'heure, la montre ; die Möhre, la carotte).

Généralement, les voyelles suivies d'une seule consonne sont longues (der Vater, le père ; malen, peindre ; der Bruder, le frère ; das Brot, le pain).

Le **i** suivi de la voyelle **e** est toujours long (sieben, sept ; der Brief, la lettre).

Le **y** se prononce souvent comme un **u** français.

Les consonnes

Les consonnes se prononcent généralement comme en français. Il existe cependant des particularités propres à l'allemand;

Le **j** se prononce comme le **y** anglais ou français; ja (oui), Januar (janvier).

Le **f**, le **ph** et le **v** se prononcent de la même façon, c'est-à-dire comme un **f** français; viel (beaucoup), der Vogel (l'oiseau), der Philosoph (le philosophe) ;
le **v** se prononce comme un **v** français dans les mots d'origine étrangère; die Version (la version), der Sklave (l'esclave).

Le **z** se prononce **ts**; der Zug (le train), der Zirkus (le cirque).

Devant une voyelle, le **s** se prononce comme le **z** français (der Saft, le jus; die Sonne, le soleil); devant une consonne, il se prononce comme le **ss** en français; die Szene (la scène, on doit entendre le **s** et **z** séparément), skurril (étrange), sauf devant **t** et **p** où il se prononce comme le **ch** français (stark, fort ; spielen, jouer).

ss se prononce comme le **ss** en français; der Kommissar (le commissaire de police).

sch se prononce comme le **ch** français; die Schweiz (la Suisse).

Le **h** en début de mot est toujours aspiré (c'est-à-dire qu'on expire vraiment de l'air); das Haus (la maison), die Hilfe (l'aide).

chs se prononce **ks**, comme un **x**; die Achse, l'axe; der Fuchs, le renard.

qu se prononce **kv**; das Quadrat (le carré), die Qualifikation (la qualification).

En fin de mot, les conconnes **b**, **d** et **g** se prononcent en règle générale comme **p**, **t**, **k**; halb (à moitié), der Wald (la forêt), der Berg (la montagne).

-ig placé en fin de mot se prononce de façon légèrement chuintée (comme le **ch** de **ich**, voir plus bas); nachlässig (négligeant), milchig (laiteux).

Après les voyelles **a**, **o**, **u** et la diphtongue **au**, **ch** se prononce comme un **r** gutural (appelé Ach-Laut, similaire à la jota espagnole); acht (huit), die Nacht (la nuit), kochen (faire la cuisine ; faire bouillir), der Kuchen (le gâteau), auch (aussi).

Dans les autres cas, c'est-à-dire après les voyelles **e**, **i**, **ä**, **ü**, **ö**, et les diphtongues **ai/ei**, **eu/äu**, **ch** se prononce comme un **ch** chuinté (la pointe de la langue vient toucher les incisives) et est appelé Ich-Laut; brechen (casser), ich (je, moi), die Küche (la cuisine), die Nächte (les nuits), der Knöchel (la cheville), euch (à vous).

Le **ß** équivaut à deux **ss**; on le trouve après une voyelle longue (der Fuß, le pied ; das Maß, la mesure) ou une diphtongue fermée (heißen, s'appeler ; heiß, très chaud, bouillant).

Après une voyelle courte, on trouvera **ss**; der Fluss (le fleuve, la rivière), der Hass (la haine), hassen (haïr).

À l'école primaire

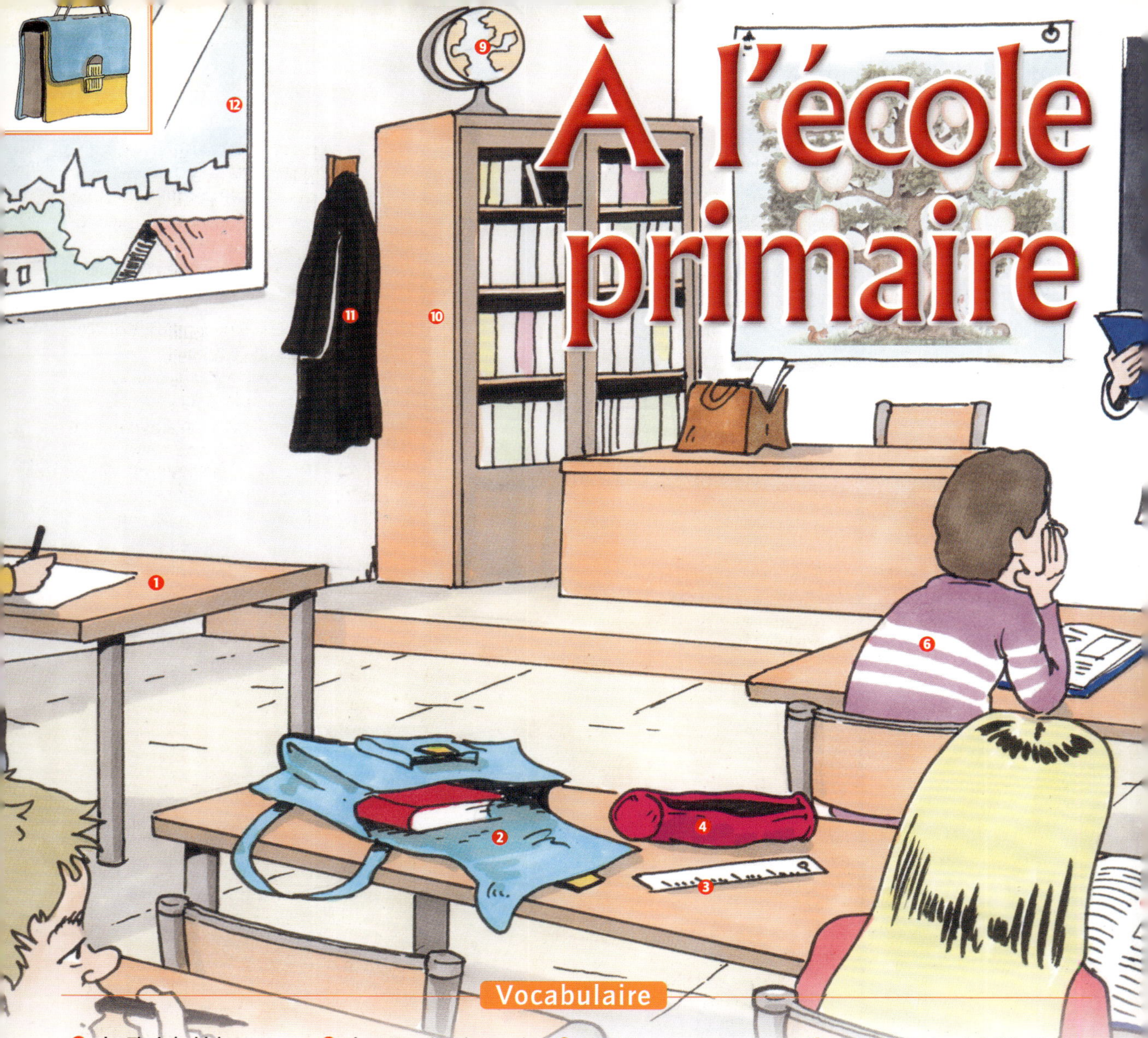

Vocabulaire

1. der Tisch (table)
2. die Schultasche (cartable)
3. das Lineal (règle)
4. das Mäppchen (trousse)
5. das Buch (livre)
6. der Schüler (élève)
7. der Lehrer (professeur)
8. die Tafel (tableau)
9. der Schreibtisch (bureau)
10. der Bücherschrank (bibliothèque)
11. die Jacke (veste)
12. das Fenster (fenêtre)

Ausdrücke *(expressions)*

- bitte (s'il te/vous plaît)
- danke (merci)
- vielen Dank (merci beaucoup)
- bitte schön (je vous en prie)
- nichts zu danken / gern geschehen (de rien)
- keine Ursache (de rien)
- Entschuldigung! (pardon)
- es tut mir leid (je suis désolé)
- das macht nichts (ce n'est pas grave)
- lassen Sie sich nicht stören! (ne vous dérangez pas)

Grüßen (saluer)

- Guten Tag (bonjour)
- Guten Abend (bonsoir)
- Gute Nacht (bonne nuit)
- Willkommen! (bienvenue !)
- Hallo (salut, bonjour)
- Auf Wiedersehen (au revoir)
- Bis bald (à bientôt)
- Tschüss (salut, au revoir)
- Bis Morgen ! (à demain !)
- Bis später! (à plus tard !)

Vocabulaire

- die Schere; les ciseaux
- der Radiergummi; gomme
- das Heft; cahier
- der Filzstift; feutre
- der Bleistift; crayon à papier
- der Spitzer; taille-crayon
- kleben; coller
- lernen; apprendre
- fragen; demander
- singen; chanter
- wiederholen; réviser

len von eins bis hundert *(Les nombres de 1 à 31)*

0 null	10 zehn	20 zwanzig	30 dreißig
1 eins	11 elf	21 einundzwanzig	40 vierzig
2 zwei	12 zwölf	22 zweiundzwanzig	50 fünfzig
3 drei	13 dreizehn	23 dreiundzwanzig	60 sechzig
4 vier	14 vierzehn	24 vierundzwanzig	70 siebzig
5 fünf	15 fünfzehn	25 fünfundzwanzig	80 achtzig
6 sechs	16 sechzehn	26 sechsundzwanzig	90 neunzig
7 sieben	17 siebzehn	27 siebenundzwanzig	100 hundert
8 acht	18 achtzehn	28 achtundzwanzig	1 000 tausend
9 neun	19 neunzehn	29 neunundzwanzig	10 000 zehntausend

Gegenteile *(contraires)*

groß (grand) ≠ klein (petit)
nett (gentil) ≠ böse (méchant)
breit (large) ≠ eng (étroit)
billig (bon marché) ≠ teuer (cher)
schön (beau) ≠ hässlich (laid)
gut (bon) ≠ schlecht (mauvais)
warm (chaud) ≠ kalt (froid)
hell (clair) ≠ dunkel (sombre)
glücklich (heureux) ≠ unglücklich (malheureux)
froh (content) ≠ traurig (triste)
richtig (exact) ≠ falsch (faux)
süß (sucré) ≠ bitter (amer)
hart (dur) ≠ weich (mou)
einfach (facile) ≠ schwer (difficile)
stark (fort) ≠ schwach (faible)
dick (gros) ≠ mager (maigre)
interessant (intéressant) ≠ langweilig (ennuyeux)
jung (jeune) ≠ alt (vieux)
lang (long) ≠ kurz (court)
sauber (propre) ≠ schmutzig (sale)
voll (plein) ≠ leer (vide)
neu (neuf) ≠ altmodisch (démodé)
schwer (lourd) ≠ leicht (léger)
schnell (rapide) ≠ langsam (lent)
reich (riche) ≠ arm (pauvre)
gesund (sain) ≠ krank (malade)
trocken (sec) ≠ nass (mouillé)
wahr (vrai) ≠ falsch (faux)
lebendig (vivant) ≠ tot (mort)

Conversation

– Heute ist mein erster Schultag. (Aujourd'hui, c'est mon premier jour d'école.)

– Bist du glücklich oder hast du Angst vor der Schule? (Es-tu heureux ou as-tu peur de l'école ?)

– Ich bin sehr glücklich. Die Lehrerin ist nett und ich habe neue Hefte und neue Filzstifte. (Je suis très heureux. La prof est gentille et j'ai de nouveaux cahiers et de nouveaux feutres.)

– In der Schule kannst du malen, rechnen, lesen und schreiben. (À l'école, tu peux peindre, calculer, lire et écrire.)

– Ja, und ich muss auch meine Schulaufgaben machen. (Oui, et je dois aussi faire mes devoirs.)

genres et articles

Le genre

L'allemand compte trois genres; le masculin, le féminin et le neutre. Le genre des substantifs allemands ne coïncide que rarement avec le genre qu'ils ont en français. Il faut donc apprendre le genre de chaque nom.

Singulier

Exemples; der Tisch (masculin); la table
die Sonne (féminin); le soleil
das Mädchen (neutre); la demoiselle
ein Wagen (masculin); une voiture
eine Wohnung (féminin); un appartement
ein Buch (neutre); un livre

Il n'existe aucune règle applicable à l'ensemble des substantifs permettant de savoir si tel nom est masculin, féminin ou neutre. On peut cependant s'aider de certains suffixes; les noms qui se terminent par **-er** et **-en** sont en général masculins.

Exemples; der Bäcker (le boulanger), der Berliner (le Berlinois), der Wagen (la voiture).

Les noms qui se terminent par les suffixes **-age**, **-ei**, **-in**, **-heit**, **-keit**, **-schaft**, **-ung** sont féminins;

die Bäckerei (la boulangerie),
die Konditorei (le salon de thé)
die Lehrerin (le professeur femme),
die Ärztin (la femme médecin)
die Krankheit (la maladie),
die Schönheit (la beauté)
die Geschwindigkeit (la vitesse)

Les noms qui se terminent par les diminutifs **-chen** ou **-lein** sont neutres, ainsi que la plupart de ceux qui ce terminent par le suffixe **-um**;

das Mädchen (la jeune femme, la fille),
das Brötchen (le petit pain),
das Gymnasium (le lycée).

Pluriel

Au pluriel l'article défini est le même pour les trois genres. En revanche, la plupart des substantifs ont une forme plurielle qui leur est particulière.

Exemples

Pluriels masculins

die Tische (les tables), die Bäcker (les boulangers), die Wagen (les voitures)

Pluriels féminins **(généralement en -en)**

die Wohnungen (les appartements), die Fähigkeiten (les capacités),

Pluriels neutres

die Kinder (les enfants), die Bücher (les livres), die Mädchen (les filles)

Pour le pluriel des trois genres, **l'article indéfini n'existe pas; Bücher (des livres), Wagen (des voitures), Wohnungen (des appartements), Tische (des tables)**

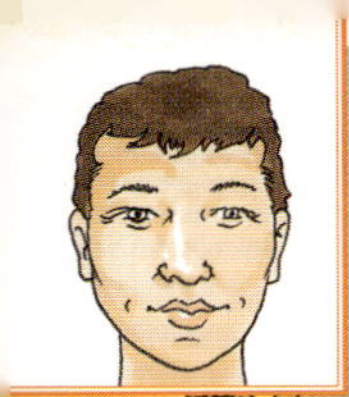

Moi

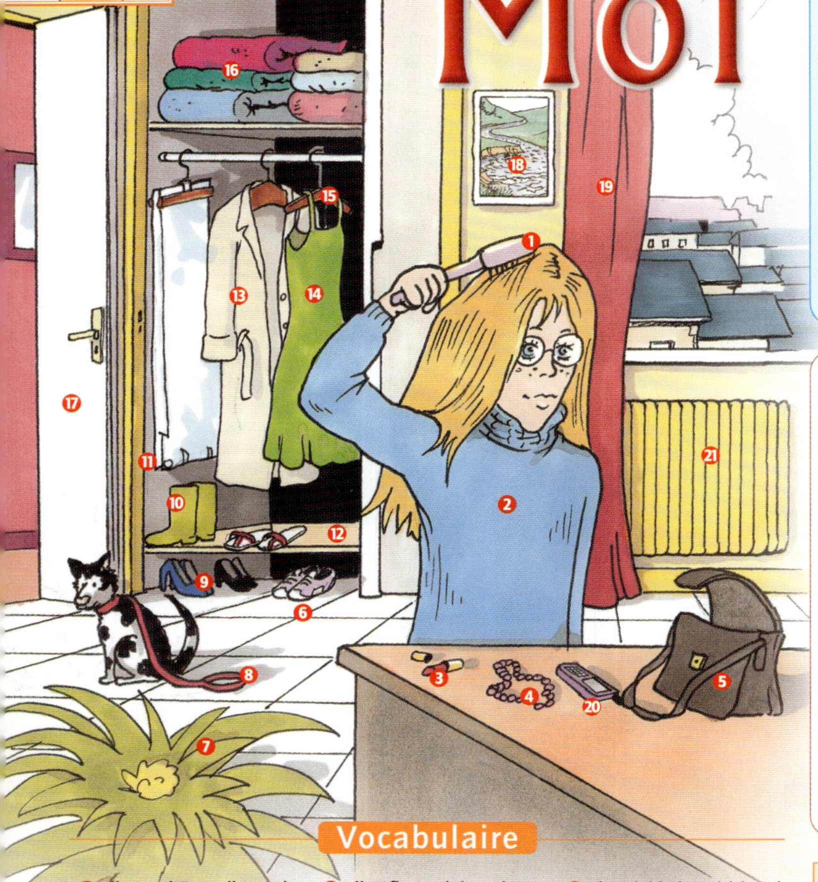

Colle ici ta photo et fais des traits pour placer chaque nom

das Haar (cheveux)
die Stirn (front)
die Ohren (oreilles)
die Augen (yeux)
die Nase (nez)
der Mund (bouche)
das Kinn (menton)
der Hals (cou)

Mein Name..............................
Mein Vorname..............................
Mein Alter..............................
Ich bin ☐ *ein Junge* ☐ *ein Mädchen*

Meine Familie *(ma famille)*

der Großvater (grand-père) | der Vater (père) | der Sohn (fils)

die Großmutter (grand-mère) | die Mutter (mère) | die Tochter (fille)

Vocabulaire

1. die Haabürste (brosse)
2. der Pullover (pull-over)
3. der Lippenstift (rouge à lèvres)
4. die Halskette (collier)
5. die Handtasche (sac à main)
6. der Schreibtisch (bureau)
7. die Pflanze (plante)
8. die Leine (laisse)
9. die Schuhe (chaussures)
10. die Stiefel (bottes)
11. der Wandschrank (placard)
12. das Regal (étagère)
13. der Mantel (manteau)
14. das Kleid (robe)
15. der Kleiderbügel (cintre)
16. die Handtücher (serviettes)
17. die Tür (porte)
18. das Gemälde (tableau)
19. der Vorhang (rideau)
20. das Fenster (fenêtre)
21. der Heizkörper (radiateur)

Verbes — Action

- *sich kämmen (se peigner)*
- *sich das Haar bürsten (se brosser les cheveux)*
- *sich **an**ziehen (s'habiller)*
- *sich **aus**ziehen (se déshabiller)*

Certains verbes allemands ont une particule séparable (notée ici en rouge) ; il s'agit d'un préfixe qui se détache du radical du verbe lorsque celui-ci est conjugué et qui vient se placer à la fin de la proposition principale ;
Ich ziehe mich schnell **an** und gehe mit Freunden **aus**.
(Je m'habille rapidement et je sors avec des amis.)

Die Kleider *(les vêtements)*

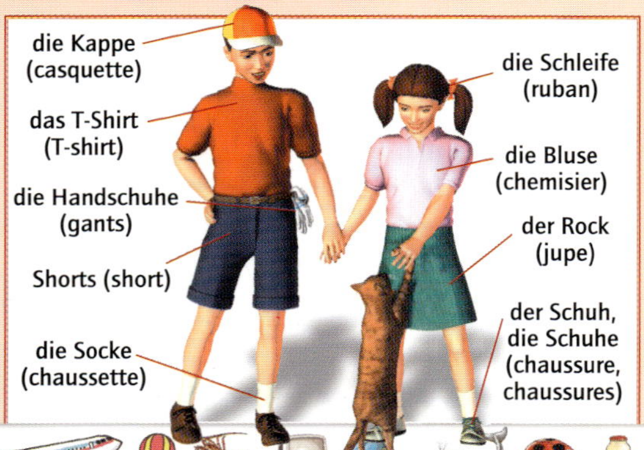

Conversation

– Wohin gehst du? (Où vas-tu ?)
– Ich gehe ins Badezimmer, ich will baden. (Je vais dans la salle de bains, je veux prendre un bain.)
– Du hast recht, ich finde dich schmutzig. (Tu as raison, je te trouve sale.)
– Wo ist die Seife? Hast du meine Kleider gesehen? (Où est le savon ? As-tu vu mes habits ?)
– Die Seife ist in der Badewanne und deine Kleider sind im Wandschrank (Le savon est dans la baignoire et tes habits sont dans le placard.)
– Ich suche auch ein Handtuch und ein Badetuch... (Je cherche aussi une serviette et une serviette de bain...)
– Sie liegen auf dem Regal im Wandschrank. (Elles sont sur l'étagère du placard.)

Verbes

…den (prendre un bain)
…schen (prendre une douche)
…h waschen (se laver)
…h die Zähne putzen (se …sser les dents)
…h **ab**trocknen (s'essuyer)
…fstehen (se lever)
…it dran sein (être en retard)
…h beeilen (se dépêcher)

Vocabulaire

1. die Badematte (tapis de bain)
2. die Fliesen, pl. (carrelage)
3. die Badewanne (baignoire)
4. die Dusche (douche)
5. der Badeschrank (armoire de bain)
6. das Waschbecken (lavabo)
7. der Waschlappen (gant de toilette)
8. der Kamm (peigne)
9. der Wasserhahn (robinet)
10. die Zahnpasta (dentifrice)
11. die Zahnbürste (brosse à dents)
13. das Shampoo (shampooing)
14. der Spiegel (miroir)
15. die Handdusche (douchette)
16. die Seife (savon)
17. der Duschvorhang (rideau de douche)
18. das Frottierhandtuch (serviette)

…orgen *(le matin)*

…teht Uwe früh **auf**, …ckt und wäscht sich: er duscht, … die Zähne und kämmt sich. …t er sich **an** und beeilt sich, …on spät dran ist. Er muss in die …nen und es ist schon halb acht.

… Uwe se lève tôt, il déjeune …; il prend une douche, se brosse …et se peigne. Ensuite, il s'habille …che, parce qu'il est déjà … Il doit aller à l'école et il est …heures et demie.)

Der Kürper *(le corps)*

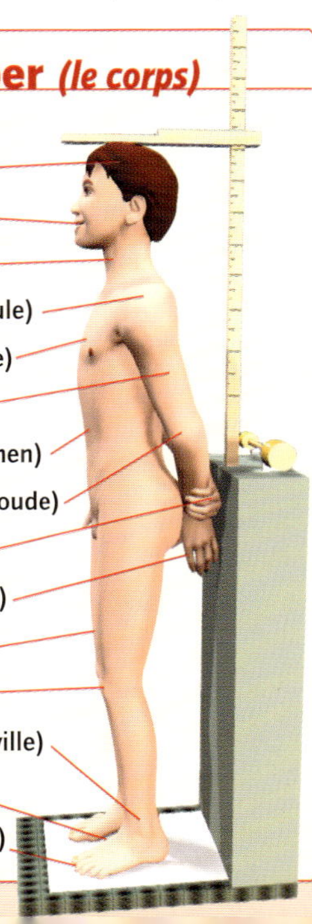

la construction d'une phrase allemande (1)

La place des éléments dans la phrase allemande est tout à fait différente de celle que ces éléments occupent dans la phrase française. Dans une proposition principale, le verbe conjugué est en deuxième position ; il peut être précédé d'un adverbe, d'un complément circonstanciel, d'un complément prépositionnel, d'une proposition subordonnée, etc. De telles constructions sont fréquentes et servent généralement à mettre en exergue le premier élément de la phrase;

Exemples;

Heute gehe ich ins Kino. (Littéralement; aujourd'hui vais je au cinéma = aujourd'hui, je vais au cinéma.)

Zu Hause haben wir viele Möbel. (Littéralement; à la maison avons nous beaucoup de meubles = à la maison nous avons beaucoup de meubles.)

Mit meinen Freunden gehe ich ins Schwimmbad. (Littéralement; avec mes amis vais je à la piscine = je vais à la piscine avec mes amis.)

Auf dem Bahnhof gibt es viele Leute. (Littéralement; à la gare y a-t-il beaucoup de gens = à la gare il y a beaucoup de gens.)

Dass er mich gesehen hatte, wusste ich nicht. (Littéralement; qu'il m'avait vu, savais je pas = je ne savais pas qu'il m'avait vu.)

Les phrases interrogatives peuvent commencer par un verbe ou un mot interrogatif;

Kommst du mit mir? (Viens-tu avec moi ?)

Woher kommst du? (D'où viens-tu ?)

Les injonctives (phrases qui expriment un ordre) commencent par le verbe conjugué;

Komm ! (Viens !)

Arbeite mit mir ! (Travaille avec moi !)

Kommen Sie (Venez ! forme de politesse)

Dans ma chambre

Vocabulaire

1. der Tisch (table)
2. das Buch (livre)
3. der Taschenrechner (calculette)
4. das Heft (cahier)
5. der Bleistift (crayon à papier)
6. der Pinsel (pinceau)
7. der Zirkel (compas)
8. das Lineal (règle)
9. die Gitarre (guitare)
10. das Bücherregal (étagère)
11. die Leiter (échelle)
12. das Bett (lit)

Wie alt bist du? *(quel âge as-tu ?)*

En français, pour indiquer l'âge d'une personne, on utilise le verbe « avoir ».
En allemand, on utilise le verbe sein (être).

Exemples :

Wie alt sind Sie? (Quel âge avez-vous ?)

Wie alt ist er? (Quel âge a-t-il ?)

Ich bin zwölf/Ich bin zwölf Jahre alt. (J'ai douze ans.)

Wie alt ist dein Vater? (Quel âge a ton père ?)

Mein Vater ist dreiundvierzig/Mein Vater ist dreiundvierzig Jahre alt
(Mon père a quarante-trois ans.)

Und wie alt ist deine Kusine?
(Et quel âge a ta cousine ?)

Sie ist vier / Sie ist vier Jahre alt.
(Elle a quatre ans.)

Dialogue ;

– Soll ich dir helfen? (Veux-tu que je t'aide ?)
– Nein, danke. Ich wiederhole Englisch, ich habe viel zu tun.
(Non, merci, je révise l'anglais, j'ai beaucoup à faire.)
– Übrigens, weißt du, welchen Tag wir heute haben?
(À propos, sais-tu quel jour nous sommes aujourd'hui ?)
– Nein, welchen Tag haben wir heute?
(Non, quel jour sommes-nous aujourd'hui ?)
– Wir haben Samstag, den 29. November.
(Nous sommes samedi 29 novembre.)
– Na und? (Et alors ?)
– Heute hast du Geburtstag. Alles Gute zum Geburtstag!
(Aujourd'hui, c'est ton anniversaire, tu as quinze ans. Bon anniversaire !)

Die Wochentage
(les jours de la semaine)

Eine Woche besteht aus sieben Tagen.
(Une semaine se compose de sept jours.)

Montag (lundi)	Samstag (samedi)
Dienstag (mardi)	Sonntag (dimanche)
Mittwoch (mercredi)	gestern (hier)
Donnerstag (jeudi)	heute (aujourd'hui)
Freitag (vendredi)	morgen (demain)

Die Monate
(les mois de l'année)

Ein Jahr besteht aus zwölf Monaten und sie heißen... (Une année se compose de douze mois et ils s'appellent...)

Januar (janvier)
Februar (février)
März (mars)
April (avril)
Mai (mai)
Juni (juin)
Juli (juillet)
August (août)
September (septembre)
Oktober (octobre)
November (novembre)
Dezember (décembre)

Vocabulaire

13 das Kopfkissen (oreiller)
14 das Betttuch (drap)
15 die Schublade (tiroir)
16 der Ball (ballon)
17 der Computer (ordinateur)
18 die Tastatur (clavier)
19 der Bildschirm (écran)
20 die Webcam (caméra)
21 der Hausschuh (pantoufle)
22 das Skateboard (skateboard)

Feiertage und wichtige Daten
(jours fériés et dates importantes)

- Neujahr (jour de l'an)
- Heilige Drei Könige (Épiphanie)
- Fastnacht (carnaval)
- Aschermittwoch (mercredi des Cendres)
- Ostern (Pâques)
- Valentinstag (Saint-Valentin)
- Maifeiertag (1er mai)
- Muttertag (fête des mères)
- Christi Himmelfahrt (Ascension)
- Pfingsten (Pentecôte)
- Tag der deutschen Einheit (Jour de l'Unité allemande ; fête nationale qui a lieu le 3 octobre)
- Allerheiligen (Toussaint)
- Weihnachten (Noël)
- Silvester (Saint-Silvestre)

Die Daten
(les dates)

Attention aux différences ; là où le Français emploie le verbe « **être** » et un nombre cardinal, l'Allemand emploie le verbe **haben** et un nombre ordinal ;

Welches Datum haben wir heute? Den vierten April/den Vierten. (Quelle date sommes-nous aujourd'hui ? Le quatre avril/ le quatre ; littéralement; quelle date avons-nous aujourd'hui ? Le quatrième avril/le quatrième.)

Heute haben wir den 4. (= vierten) März. (Aujourd'hui, nous sommes le 4 mars ; littéralement; aujourd'hui, nous avons le quatrième mars.)

la construction d'une phrase allemande (2)

Le verbe à l'infinitif se place à la fin de la proposition principale ;

Ich möchte einen neuen Wagen kaufen. (Littéralement; j'aimerais une nouvelle voiture acheter = j'aimerais acheter une nouvelle voiture.)

Il en va de même pour le participe passé ;

Er hat mich auf dem Platz gesehen. (il m'a vu sur la place.)

Dans les propositions dépendantes (subordonnées ou relatives), le verbe conjugué est à la fin de la proposition et peut être précédé d'un verbe à l'infinitif ;

Ich weiß nicht, ob er heute zu Hause ist. (Je ne sais pas s'il est chez lui aujourd'hui.)

Er sagt, dass er einen neuen Wagen kaufen möchte. (Il dit qu'il aimerait acheter une nouvelle voiture.)

Dans ces mêmes propositions dépendantes, l'auxiliaire conjugué est placé à la fin et est précédé du participe passé ;

Ich weiß nicht, wer das Auto gestohlen hat. (Je ne sais pas qui a volé la voiture.)

Er hatte mir nicht gesagt, wo er geschlafen hatte. (Il ne m'avait pas dit où il avait dormi.)

NB; la proposition principale est toujours séparée de la proposition dépendante par une virgule qui se place juste avant le subordonnant.

Les verbes à particule séparable ;

Certains verbes sont précédés d'un préfixe qui se détache du radical lorsque le verbe est conjugué et qu'il se trouve dans une proposition indépendante.

Exemples ;

anrufen (appeler au téléphone) ; ich rufe dich morgen an. (Je t'appelle demain au téléphone.)

weggehen (partir) ; er geht ohne Abschied weg. (Il part sans dire au revoir.)

Dans les propositions dépendantes, la particule séparable est rattachée au radical du verbe ;

Ich sage, dass ich dich morgen anrufe. (Je dis que je t'appelle au téléphone demain.)

Ich sehe, dass er ohne Abschied weggeht. (Je vois qu'il part sans dire au revoir.)

Lorsque le verbe est à l'infinitif, la particule est rattachée au radical ;

Er will mich morgen anrufen. (Il veut me téléphoner demain.)

Mes loisirs

Vocabulaire

1. der Fernseher (télévision)
2. der Flipper (lflipper)
3. das Sofa (canapé)
4. der Billardtisch (billard)
5. das Comicheft (bande dessinée)
6. die Billardkugel (boule de billard)
7. der Billardstock (queue de billard)
8. die Spielkarten (cartes à jouer)
9. die Pistole (pistolet)
10. das fernbediente Spielzeugauto (voiture télécommandée)
11. der Tennisschläger (raquette de tennis)
12. die Puppe (poupée)
13. die Spielbälle (balles)
14. der Ball (ballon)
15. Darts (fléchettes)
16. das Kinoposter (affiche de cinéma)
17. das Zirkusposter (affiche de cirque)
18. die Fahne (drapeau)
19. die Gitarre (guitare)
20. der Lautverstärker (amplificateur)
21. das Klavier (piano)
22. die Trompete (trompette)
23. die Geige (violon)
24. das Metronom (métronome)
25. die Partitur (partition)
26. der Notenständer (pupitre)

Die Farben *(les couleurs)*

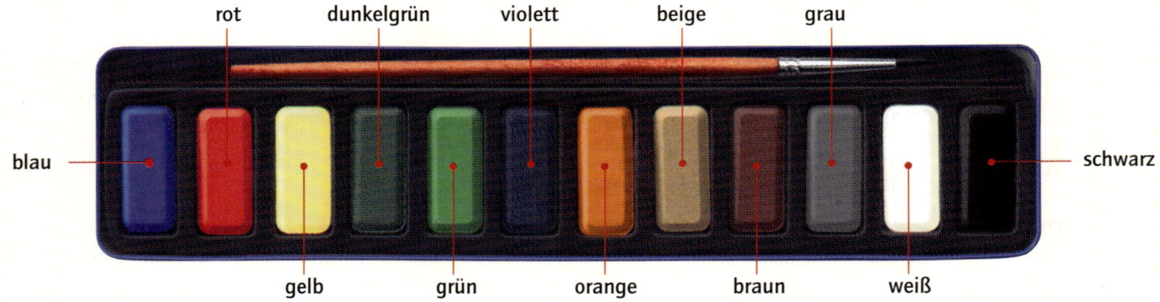

Action Verbes

- *spielen (jouer à, jouer de)*
- *lachen (rire)*
- *Spaß haben (s'amuser)*
- *Üben (répéter)*
- ***fern**sehen (regarder la télévision)*

Meine Freunde *(mes amis)*

Johanna — Uwe — mein Hund (mon chien) — meine Katze (mon chat)

Wie spät ist es ? *(Quelle heure est-il ?)*

12:00	12:15	12:30	12:45	13:00
Es ist Mittag/Es ist zwölf Uhr (mittags). (Il est midi.)	Es ist Viertel nach zwölf. (Il est midi et quart.)	Es ist halb eins. (Il est midi et demi.)	Es ist Viertel vor eins. (Il est une heure moins le quart.)	Es ist ein Uhr/es ist eins. (Il est une heure.)
Es ist zehn Uhr morgens. (Il est dix heures du matin.)	Es ist drei Uhr nachmittags. (Il est trois heures de l'après-midi.)	Es ist sieben Uhr abends. (Il est sept heures du soir.)	Es ist Punkt drei Uhr. (Il est pile trois heures.)	Es ist Mitternacht. (Il est minuit.)

am Morgen/morgens (le matin)	am Nachmittag/nachmittags (l'après-midi)	am Abend/abends (le soir)

Dialogue ;

– Hallo, Uwe! Was machst du heute? (Salut, Uwe ! Que fais-tu aujourd'hui ?)

– Hallo, Johanna ! Heute Morgen gehe ich schwimmen und am Nachmittag spiele ich Tennis und Fußball. (Ce matin, je vais nager et cet après-midi je joue au tennis et au football.)

– Welch ein Tag ! Bist du nie müde? (Quelle journée ! N'es-tu jamais fatigué ?)

– Doch, abends bin ich erschöpft. Dann bleibe ich zu Hause und sehe **fern**. (Si, le soir je suis épuisé. Alors je reste à la maison et je regarde la télévision.)

– Ich treibe auch gerne Sport. Ich reite jeden Mittwoch und spiele auch Tischtennis. (J'aime bien faire du sport aussi. Je fais du cheval chaque mercredi et je joue aussi au ping-pong.)

les pronoms et les auxiliaires au présent

Les pronoms

Le pronom est un mot qui remplace un nom dans une phrase. Les pronoms sujets sont au nominatif (le cas du sujet) ;

ich (je)
du (tu)
er (il)
sie (elle)
es (il ou elle lorsque le nom est neutre)
wir (nous)
ihr (vous)
sie (ils)

Pour la forme de politesse (vous), on emploie le pronom de la troisième personne du pluriel et on l'écrit avec une majuscule ; Sie.

Les auxiliaires haben, sein et werden

Comme le français, l'allemand a recours à certaines formes verbales qui peuvent être utilisées seules ou comme auxiliaires ; ainsi **haben** (avoir) et **sein** (être) servent également à former les temps passés (le parfait et le plus-que-parfait) de certains verbes ; **werden** (devenir) sert quant à lui à former le futur.

ich habe ➜ ich bin ➜ ich werde
du hast ➜ du bist ➜ du wirst
er / sie / es hat ➜ er / sie / es ist ➜ er / sie / es wird
wir haben ➜ wir sind ➜ wir werden
ihr habt ➜ ihr seid ➜ ihr werdet
sie haben ➜ sie sind ➜ sie werden

Forme de politesse ;
Sie haben ➜ Sie sind ➜ Sie werden

Dans ma maison

Vocabulaire

1. die Spüle (évier)
2. die Geschirrspülmaschine (lave-vaisselle)
3. der Herd (cuisinière)
4. der Backofen (four)
5. die Pfanne (poêle)
6. der Tisch (table)
7. der Stuhl (chaise)
8. der Teller (assiette)
9. die Gabel (fourchette)
10. das Messer (couteau)
11. das Glas (verre)
12. der Krug (carafe)
13. die Flasche (bouteille)
14. das Toastbrot (pain de mie)
15. die Pastete (pâté)
16. der Kühlschrank (réfrigérateur)
17. die Mauer (mur)
18. die Treppe (escalier)
19. die Stereoanlage (chaîne Hi-Fi)
20. die Bar (bar)
21. der Videorecorder (magnétoscope)
22. der Fernseher (télévision)
23. der Lautsprecher (enceinte)
24. die Skulptur (sculpture)
25. die Vorhänge (rideaux)
26. das große Fenster (baie vitrée)
27. das Sofa (canapé)
28. das Kissen (coussin)
29. der Blumentopf (pot de fleurs)
30. die Lampe (lampe)

Dialogue ;

– Was möchtest du heute Abend essen? (Qu'aimerais-tu manger ce soir ?)
– Ich würde gerne Schinken, Salami und Käse essen. (J'aimerais bien manger du jambon, du salami et du fromage.)
– Und dazu könnten wir auch Wein trinken. (Et avec ça, nous pourrions aussi boire du vin.)
– Rot- oder Weißwein? (Du vin rouge ou du vin blanc ?)
– Eher Rotwein, er passt besser zu Schinken und Salami. (Plutôt du vin rouge, il va mieux avec le jambon et le salami).
– Wenn das Wetter schön wäre, könnten wir auch ein paar Würstchen grillen. (S'il faisait beau, nous pourrions aussi faire griller quelques petites saucisses.)
– Ja, aber leider regnet es. (Oui, mais malheureusement il pleut.)
– Wenn du willst, können wir auch grünen Salat und als Nachtisch Apfelmus essen. (Si tu veux, nous pouvons aussi manger de la salade verte et comme dessert de la compote de pommes.)
– Schön, Apfelmus ist eine prima Idee (Bien, une compote de pommes, c'est une idée super.)

Das Essen
(les repas et la nourriture)

das Frühstück (Le petit déjeuner), das Mittagessen (le déjeuner), das Abendessen (le dîner)

Gemüse und Obst (légumes et fruits)

die Bohnen (haricots), die Erbsen (petis pois), die Karotten (carottes), die Kartoffeln (pommes de terre), der Lauch (poireau), die Zwiebel (oignon), der Salat (salade), die Tomaten (tomates), der Kohl (chou), der Blumenkohl (chou-fleur) die Aprikose (abricot), die Erdbeeren (fraises), die Himbeeren (framboises), die Heidelbeeren (myrtilles), die Brombeeren (mûres), die Kirschen (cerises), der Apfel (pomme), die Birne (poire), die Trauben, pl. (raisin)

Fleisch- und Fischgerichte (viandes et poissons)

der Schinken (jambon), das Fleisch (viande), das Kalb (veau), der Kalbsbraten (rôti de veau), das Kalbsschnitzel (escalope de veau), die Kalbshachse (jarret de veau), das Kalbsfrikassee (fricassée de veau), der Braten (rôti), das Hähnchen (poulet), das Hähnchenschnitzel (escalope de poulet), das Lamm (agneau), die Lammkeule (gigot d'agneau), das Rinderfilet (filet de bœuf), das Schwein (porc), der Schweinebraten (rôti de porc), die Leberwurst (pâté de foie), die Wurst (saucisse)...

Nachtische (Desserts)

der Kuchen (gâteau), die Torte (tarte ; gâteau à la crème), die Prinzregententorte (génoise), die Sachertorte (sachertorte, spécialité viennoise), der Apfelstrudel (chausson aux pommes), das Baiser (meringue), der Lebkuchen (pain d'épices), der Weihnachtsstollen (gâteau de Noël), die Schlagsahne (crème Chantilly), der Zimt (canelle), die Waffel (gaufre), die Crêpe / der Pfannkuchen (crêpe)...

Allerlei (divers)

das Brot (pain), der Semmel (petit pain), die Butter (beurre), der Käse (fromage), der Kaffee (café), die Haferflocken (céréales), das Ei (œuf), das Wasser (eau), das Sprudelwasser (eau gazeuse), der Tee (thé), der Kräutertee (tisane), das / der Ketchup (Ketchup), die Nudeln (nouilles), der Reis (riz), das Öl (huile), der Pfeffer (poivre), das Salz (sel), der Zucker (sucre)...

Beim Arzt *(Chez le médecin)*

- Seit gestern bin ich krank. (Depuis hier, je suis malade.)
- Ich habe 39 (neununddreißig) Fieber. (J'ai 39 de fièvre.)
- Ich habe Kopfschmerzen. (J'ai mal à la tête.)
- Ich habe Magenschmerzen. (J'ai mal à l'estomac.)
- Ich habe Bauchschmerzen. (J'ai mal au ventre.)
- Ich habe starken Husten. (Je tousse beaucoup.)
- Ich habe mir den Fuß verstaucht. (Je me suis tordu le pied.)
- Ich habe mir ein Bein gebrochen. (Je me suis cassé une jambe.)
- Mir ist übel / Ich muss brechen. (J'ai envie de vomir.)
- Ich habe mich dreimal übergeben. (J'ai vomi trois fois.)

Les verbes au présent

On distingue en allemand les verbes faibles (c'est-à-dire réguliers) des verbes forts (c'est-à-dire irréguliers).
Les terminaisons des verbes faibles au présent sont, au singulier :
-**e**, -**st**, -**t**,
et au pluriel :
-**en**, -**t**, -**en**.

Exemples de verbes faibles :

machen (faire) ➜ denken (penser)
ich mache ➜ ich denke
du machst ➜ du denkst
er macht ➜ er denkt
wir machen ➜ wir denken
ihr macht ➜ ihr denkt
sie machen ➜ sie denken

Forme de politesse :
Sie machen ➜ Sie denken

Les verbes forts sont irréguliers car leur radical change : pour certains d'entre eux, il change déjà au présent (à la deuxième et à la troisième personne du présent) et change aux temps qui expriment le passé ; le radical de toutes les personnes change au prétérit et le radical du participe passé employé dans les temps composés change également.

Exemples au présent :

fahren (aller à l'aide d'un véhicule) ➜ essen (manger)
ich fahre ➜ ich esse
du fährst ➜ du isst
er fährt ➜ er isst
wir fahren ➜ wir essen
ihr fahrt ➜ ihr esst
sie fahren ➜ sie essen

Forme de politesse :
Sie fahren ➜ Sie essen

Dans mon jardin

Verbes

- *sägen (scier)*
- *gießen (arroser)*
- *schwimmen (nager)*
- *reparieren (réparer)*
- *spielen (jouer)*

Vocabulaire

1. der Schornstein (cheminée)
2. die Antenne (antenne)
3. das Dach (toit)
4. die Dachrinne (gouttière)
5. die Mauer (mur)
6. die Tür (porte)
7. das Fenster (fenêtre)
8. der Bürgersteig (trottoir)
9. die Garage (garage)
10. das Schwingtor (porte basculante)
11. die Schaufel (pelle)
12. die Leiter (échelle)
13. der Wagen (voiture)
14. die Wagentür (portière)
15. die Windschutzscheibe (pare-brise)
16. das Steuer (volant)
17. die Motorhaube (capot)
18. das Rad (roue)
19. der Reifen (pneu)
20. der Motor (moteur)
21. der Werkzeugkasten (boîte à outils)
22. das Tor (portail)
23. der Briefkasten (boîte aux lettres)
24. der Briefträger (facteur)

Pflanzen, Blumen, Bäume
(des plantes, des fleurs, des arbres)

- die Birke (bouleau)
- der Klatschmohn (coquelicot)
- der Ahorn (érable)
- der Kastanienbaum (châtaignier)
- der Kirschbaum (cerisier)
- die Zypresse (cyprès)
- der Pflaumenbaum (prunier)
- die Nelke (œillet)
- der Weißdorn (aubépine)
- die Geranie (géranium)
- der Efeu (lierre)
- der Lorbeer (laurier)
- der Apfelbaum (pommier)
- die Margerite (marguerite)
- der Walnussbaum (noyer)
- die Primel (primevère)
- die Kiefer (pin)
- die Eiche (chêne)
- die Rose (rose)

Phrases

- Mein Vater repariert den Wagen. (Mon père répare la voiture.)
- Der Briefträger bringt die Post. (Le facteur apporte le courrier.)
- Ich spiele Ball mit meinem Bruder. (Je joue à la balle avec mon frère.)
- Der Nachbar mäht den Rasen. (Le voisin tond le gazon.)
- In meinem Garten gibt es viele Pflanzen. (Dans mon jardin, il y a beaucoup de plantes.)
- Ich gieße die Blumen. (J'arrose les fleurs.)
- Willst du mit mir schwimmen? Das Wasser ist warm. (Veux-tu nager avec moi ? L'eau est chaude.)
- Es tut mir leid, aber ich kann nicht schwimmen. (Je suis désolé, mais je ne sais pas nager.)

Die Haustiere
(animaux domestiques)

Der Hund (chien)

Das Kaninchen (lapin)

Die Katze (chat)

Der Frosch (grenouille)

Der Vogel (oiseau)

Das Eichhörnchen (écureuil)

25 der Swimmingpool (piscine)
26 der Grill (barbecue)
27 der Garten (jardin)
28 der Sonnenschirm (parasol)
29 der Nachbar (voisin)
30 der Rasenmäher (tondeuse)
31 der Gemüsegarten (potager)
32 das Haus (maison)
33 das Boot (bateau)
34 die Satellitenschüssel (parabole)

les adjectifs possessifs

Les adjectifs possessifs allemands tiennent compte du genre (masculin, féminin ou neutre) du nom qu'ils introduisent ainsi que de la fonction de ce nom dans la phrase ; ainsi, l'adjectif possessif se déclinera de différente façon si le nom qu'il introduit est sujet, complément d'objet direct, complément d'objet indirect, complément du nom…
Exemples; Mein Wagen parkt draußen (ma voiture est garée dehors);
le groupe nominal **mein Wagen** est sujet.
Ich sehe meinen Wagen nicht mehr (je ne vois plus ma voiture); cette fois, le groupe nominal est complément d'objet direct.
Par ailleurs, on distingue deux adjectifs différents à la troisième personne du singulier ; si le possesseur est désigné par un nom masculin ou neutre, on emploie **sein**;
Uwe ist nicht da, aber ich sehe seinen Wagen. (Uwe n'est pas là, mais je vois sa voiture.) Uwe est un gaçon, donc on emploie **sein**.
Si le possesseur est désigné par un nom féminin, on emploi **ihr**;
Katharina kann nicht kommen, ihr Wagen hat eine Panne. (Katharina ne peut pas venir, sa voiture est en panne.) Katharina est une fille, donc on emploie **ihr**.

Tableau des adjectifs possessifs;

	Masculin; der Wagen mon / ton / son / notre / votre / leur voiture	**Féminin;** die Wohnung ma / ta / sa / notre / votre / leur appartement	**Neutre;** das Bild mon / ton / son / notre / votre / leur image, photo
Nominatif	mein / dein / sein (possesseur féminin; ihr) / unser / euer / ihr Wagen	meine / deine / seine (possesseur féminin; ihre) / unsere / eure / ihre Wohnung	mein / dein / sein (possesseur féminin; ihr) / unser / euer / ihr Bild
Accusatif	meinen / deinen / seinen (possesseur féminin; ihren) / unseren / euren / ihren Wagen	meine / deine / seine (possesseur féminin; ihre) / unsere / eure / ihre Wohnung	mein / dein / sein (possesseur féminin; ihr) / unser / euer / ihr Bild
Datif	meinem / deinem / seinem (possesseur féminin; ihrem) / unserem / eurem / ihrem Wagen	meiner / deiner / seiner (possesseur féminin; ihrer) / unserer / eurer / ihrer Wohnung	meinem / deinem / seinem (possesseur féminin; ihrem) / unserem / eurem / ihrem Bild
Génitif	meines / deines / seines (possesseur féminin; ihres) / unseres / eures / ihres Wagens	meiner / deiner / seiner (possesseur féminin; ihrer) / unserer / eurer / ihrer Wohnung	meines / deines / seines (possesseur féminin; ihres) / unseres / eures / ihres Bild(e)s

	Pluriel commun aux trois genres; mes / tes / ses / nos / vos / leurs voitures, appartements, images / photos
Nominatif	meine / deine / seine (possesseur féminin; ihre) / unsere / eure / ihre Wagen, Wohnungen, Bilder
Accusatif	meine / deine / seine (possesseur féminin; ihre) / unsere / eure / ihre Wagen, Wohnungen, Bilder
Datif	meinen / deinen / seinen (possesseur féminin; ihren) / unseren / euren / ihren Wagen, Wohnungen, Bildern
Génitif	meiner / deiner / seiner (possesseur féminin; ihrer) / unserer / eurer / ihrer Wagen, Wohnungen, Bilder

Dans ma ville

Die Geschäfte (les commerces)

der Laden (magasin)
das Geschäft (magasin)
die Abteilung (rayon)
die Bank (banque)
das Reisebüro (agence de voyages)
die Konditorei (salon de thé)
die Metzgerei, die Fleischerei (boucherie)
das Kino (cinéma)
die Apotheke (pharmacie)
der Arzt (médecin)
der Blumenladen (magasin de fleurs)
der Gemüsehändler (marchand de légumes)
der Obsthändler (marchand de fruits)
der Supermarkt (supermarché)
die Buchhandlung (librairie)
die Bäckerei (boulangerie)
der Juwelierladen (bijouterie)
der Friseur (coiffeur)
das Schreibwarengeschäft (papeterie)
das Möbelgeschäft (magasin de meubles)
der Schuster (cordonnier)
der Zeitungskiosk (kiosque à journaux)

Ich suche einen Blumenladen / eine Bank / ein Kino. (Je cherche un magasin de fleurs/une banque/un cinéma.)

Vocabulaire

1. das Krankenhaus (hôpital)
2. der Zirkus (cirque)
3. das Becken (bassin)
4. der Park (jardin public)
5. der Bürgersteig (trottoir)
6. die Straße (rue)
7. der Motorradfahrer (motard)
8. der Polizeiwagen / der Streifenwagen (voiture de police)
9. das Feuerwehrauto (voiture de pompiers)
10. der Polizist (policier)
11. der Rauch (fumée)
12. der Lastwagen (camion)
13. das Haus (maison)
14. das Schaufenster (vitrine)
15. das Gebäude (immeuble)

Conversation ;

– Entschuldigung, Ich habe mich verlaufen, können Sie mir bitte helfen? (Excusez-moi, je me suis perdu, pouvez-vous m'aider, s'il vous plaît ?)
– Ja, natürlich. Wo wollen Sie hin? (Oui, bien sûr, où voulez-vous aller ?)
– Ich suche das Rathaus. Wie komme ich dorthin? (Je cherche la mairie. Comment puis-je y aller ?)
– Ja, hören Sie, Sie müssen geradeaus gehen und an der Kreuzung nach links gehen. (Oui, écoutez, vous devez aller tout droit et aller à gauche au premier carrefour.)
– Muss ich an der Kreuzung nach rechts gehen ? (Est-ce que je dois aller à droite au carrefour ?)
– Nein, nicht nach rechts, sondern nach links (Non, pas à droite, mais à gauche.)
– Ist es sehr weit? (Est-ce très loin ?)
– Nein, es ist ganz nah, Sie können zu Fuß gehen. (Non, ce n'est pas très loin. Vous pouvez y aller à pied.)
– Vielen dank, auf Wiedersehen. (Merci beaucoup, au revoir.)

Etwas kaufen (acheter quelque chose)

- Was kostet diese CD / diese DVD? (Combien coûte ce CD/ce DVD ?)
- Ich möchte eine Postkarte und eine Briefmarke kaufen. (J'aimerais acheter une carte postale et un timbre.)
- Verkaufen Sie auch Blumen? (Vendez-vous aussi des fleurs ?)
- Haben Sie dieses Kleid in einer anderen Farbe? (Avez-vous cette robe dans une autre couleur ?)
- Welche Größe haben Sie? (Quelle taille avez-vous ?)
- Führen Sie diesen Artikel? (Faites-vous cet article ?)
- Wissen Sie, wo ich einen Geldautomaten finden kann? (Savez-vous où je peux trouver un distributeur automatique de billets ?)

Action **Vocabulaire ;**

- *sich verlaufen ; se perdre (à pied)*
- *sich verfahren ; se perdre (en voiture)*

16 der Kran (grue)
17 der Hafen (port)
18 das Schiff (bateau)
19 der Supermarkt (supermarché)
20 das Stadion (stade)
21 die Mole (jetée)
22 der Leuchtturm (phare)
23 die See (mer)

Conversation ;

- Entschuldigen Sie, ich suche eine Bushaltestelle, ich möchte in die Stadtmitte fahren. (Excusez-moi, je cherche un arrêt de bus, j'aimerais aller en centre-ville.)
- Es gibt eine Bushaltestelle in der Nähe. Sie können auch die U-Bahn oder ein Taxi nehmen. (Il y a un arrêt de bus à proximité. Vous pouvez aussi prendre le métro ou un taxi.)
- Wissen Sie, ob man das Schloss besichtigen kann? (Savez-vous si on peut visiter le château ?)
- Ja, das Schloss ist heute geöffnet, und das Museum auch. (Oui, le château est ouvert aujourd'hui, et le musée aussi.)

la comparaison

Pour former le comparatif de supériorité, on ajoute le suffixe **-er** à l'adjectif et on emploie **als** pour établir la comparaison avec le deuxième élément ;

Exemple ;

klein (petit) + **-er** ; Er ist kleiner als sein Bruder. (Il est plus petit que son frère.)

reich (riche) + **-er** ; Er ist reicher als ich. (Il est plus riche que moi.)

Certains adjectifs monosyllabiques prennent également une inflexion en plus du suffixe **-er** ;

jung (jeune) ; jünger (plus jeune)
alt (vieux) ; älter (plus vieux)
arm (pauvre) ; ärmer (plus pauvre)
kalt (froid) ; kälter (plus froid)
warm (chaud) ; wärmer (plus chaud)
krank (malade) ; kränker (plus malade)
stark (fort) ; stärker (plus fort)
groß (grand) ; größer (plus grand)
kurz (court) ; kürzer (plus court)
lang (long) ; länger (plus long)

Le comparatif d'égalité ;

so + adejctif + **wie** ;

Er ist so groß wie ich.
(Il est aussi grand que moi.)

Comparatif d'infériorité ;

nicht so + adjectif + **wie**

Er ist nicht so fleißig wie du.
(Il est moins travailleur que toi.)

Pour former le superlatif, on ajoute le suffixe **-st** à l'adjectif épithète décliné ;

Der schnellste Wagen ist rot.
(La voiture la plus rapide est rouge.)

Ich überhole den schnellsten Wagen.
(Je double la voiture la plus rapide.)

Au superlatif également, certains adjectifs monosyllabiques prennent une inflexion ;

Ich suche das älteste Buch.
(Je cherche le livre le plus vieux.)

Cas particuliers ;

Le comparatif de gut (bon) est besser (mieux) ; le superlatif ; der beste / am besten (le meilleur, le mieux). Exemples ; er arbeitet besser als ich (il travaille mieux que moi) ; er arbeitet am besten (c'est lui qui travaille le mieux) ; er ist der beste Spieler (c'est le meilleur joueur).
Le comparatif de nahe (proche) est näher (plus proche) ; le superlatif est der nächste / am nächsten (le plus proche, le prochain).
Le comparatif de hoch (haut) est höher (plus haut) ; le superlatif est der höchste / am höchsten (le plus haut).

Dans la nature

Vocabulaire

1. die Stadt (ville)
2. der See (lac)
3. der Wald (forêt)
4. der Berg (montagne)
5. die Wolke (nuage)
6. der Himmel (ciel)
7. das Flugzeug (avion)
8. der Tunnel (tunnel)
9. der Fluss (rivière)
10. die Straße (route)
11. die Autobahn (autoroute)
12. der Lastwagen (camion)
13. der Reisebus (autocar)
14. die Brücke (pont)
15. die Kirche (église)
16. der Glockenturm (clocher)
17. das Dorf (village)
18. der Baum (arbre)
19. der Esel (âne)
20. die Kuh (vache)

Conversation ;

– Schau dir mal die schwarzen Wolken **an**. Es wird bald regnen. (Regarde les nuages noirs. Il va bientôt pleuvoir.)

– Ja, du hast Recht. Ein Gewitter zieht **auf**. (Oui, tu as raison. Un orage se prépare.)

– Im Frühling ist das Wetter sehr wechselhaft. (Au printemps, le temps est très instable.)

– Wir sollten uns beeilen, sonst sind wir gleich klatschnass. (Nous devrions nous dépêcher, sinon nous allons être trempés.)

– Ja, mach schnell. Wir gehen ins Dorf **zurück**. Es ist schon sehr kalt. (Oui, dépêche-toi. Nous retournons au village. Il fait déjà très froid.)

– Es regnet in Strömen. Ich glaube, dass wir uns erkälten werden, wenn wir noch lange draußen bleiben. (Il pleut à verse. Je crois que nous allons prendre froid si nous restons encore longtemps dehors.)

Action Verbes

- *pflügen (labourer)*
- *Rad fahren (faire du vélo)*
- *angeln (pêcher)*
- *Pilze sammeln (cueillir des champignons)*
- *fliegen (voler)*
- *respektieren (respecter)*

21 das Kaninchen (lapin)
22 das Gras (herbe)
23 die Blume (fleur)
24 der Pilz (champignon)
25 der Traktor (tracteur)
26 der Angler (pêcheur)
27 das Blatt (feuille)
28 der Stamm (tronc)

Die Jahreszeiten *(saisons)*

der Frühling

der Sommer

der Herbst

der Winter

Das Wetter *(le temps qu'il fait)*

- das Wetter (le temps qu'il fait)
- es ist kalt (il fait froid)
- heute haben wir schönes/schlechtes Wetter (aujourd'hui il fait beau/mauvais)
- es ist schönes/schlechtes Wetter (il fait beau/mauvais)
- es regnet (il pleut)
- der Regen (pluie)
- es nieselt (il bruine)
- es hagelt (il grêle)
- der Hagel (grêle)
- es schneit (il neige)
- der Schnee (neige)
- es gibt Glatteis (il y a du verglas)
- der Nebel (brouillard)
- mir ist warm (j'ai chaud)
- mir ist kalt (j'ai froid)

les pronoms personnels

Comme les groupes nominaux, les pronoms personnels se déclinent; selon la fonction qu'ils occupent dans la phrase, ils peuvent être au nominatif (cas du sujet), à l'accusatif (cas duCOD), au datif (cas du COI).

Singulier					
	1re personne	2e personne	3e personne; masc., fém., neutre		
Nominatif	ich	du	er	sie	es
Accusatif	mich	dich	ihn	sie	es
Datif	mir	dir	ihm	ihr	ihm

Pluriel				
	1re personne	2e personne (plusieurs personnes que l'on tutoie)	3e personne; masc., fém., neutre	Forme de politesse (une ou plusieurs personnes que l'on vouvoie)
Nominatif	wir	ihr	sie	Sie
Accusatif	uns	euch	sie	Sie
Datif	uns	euch	ihnen	Ihnen

Exemples;

Ich sehe ihn.
(Je le vois.)

Wir begleiten Sie.
(Nous vous accompagnons, forme de politesse)

Ich gebe dir das neue Buch.
(Je te donne le nouveau livre.)

Ich sage dir / euch die Wahrheit.
(Je te/vous dis la vérité.)

Ich liebe dich. (Je t'aime.)

Attention; certains verbes sont suivis d'un COD au datif !

helfen (aider); ich helfe ihm. (Je l'aide.)

danken (remercier);
ich danke dir. (Je te remercie.)

zuhören (écouter);
ich höre Ihnen zu. (Je vous écoute.)

folgen (suivre);
wir folgen dir. (Nous te suivons.)

glauben (croire);
ich glaube dir nicht. (Je ne te crois pas.)

drohen (menacer);
der Chef droht mir, mich zu entlassen.
(Le chef menace de me licencier.)

imponieren (impressionner);
er imponiert mir. (Il m'impressionne.)

widersprechen (contredire);
er widerspricht mir ständig.
(Il me contredit tout le temps.)

dienen (servir);
er dient ihm mit Treue.
(Il le sert avec loyauté.)

Voyager

Vocabulaire

1. der Mann (homme)
2. die Frau (femme)
3. das Kind (enfant)
4. die Straße (rue)
5. das Erdgeschoss (rez-de-chaussée)
6. das erste Stockwerk (premier étage)
7. die Handtasche (sac à main)
8. der Passant (passant)

Sich kennen lernen *(faire connaissance)*

- Hallo, wie heißt du? (Salut, comment t'appelles-tu ?)
- Ich heiße Uwe / Mein Name ist Uwe. (Je m'appelle Uwe.)
- Kannst du deinen Namen buchstabieren? (Peux-tu épeler ton nom ?)
- Wo kommst du her? (D'où viens-tu ?)
- Ich komme aus Deutschland / aus Österreich / aus der Schweiz. (Je viens d'Allemagne/d'Autriche/de Suisse.)
- Was bist du von Beruf? (Que fais-tu dans la vie ?)
- Ich bin Student / Lehrer / Arbeiter / Arzt / Ingenieur (Je suis étudiant/professeur/ouvrier/médecin/ingénieur.)
- Wo wohnst du? (Où habites-tu ?)
- Ich wohne in Hamburg. (J'habite à Hambourg.)
- Wie alt bist du? (Quel âge as-tu ?)
- Ich bin 48 (achtundvierzig) Jahre alt. (J'ai 48 ans.)
- Bist du verheiratet? (Es-tu marié ?)
- Ja, ich bin verheiratet und habe zwei Kinder. (Oui, je suis marié et j'ai deux enfants.)
- Nein, ich bin ledig / ich bin geschieden. (Non, je suis célibataire/je suis divorcé.)
- Wie lautet deine Adresse? (Quelle est ton adresse ?)
- Gefällt es dir in Frankreich / in Deutschland? (Te plais-tu en France/en Allemagne.)
- Wie geht's dir? (Comment vas-tu ?)
- Wie geht's Ihnen? (Comment allez-vous ?)
- Mir geht's gut / hervorragend / so lala. (Je vais bien/très bien/comme ci, comme ça.)

Am Telefon *(au téléphone)*

- Wer spricht da bitte? (Qui est à l'appareil ?)
- Hier ist Franziska (C'est Franziska.)
- Wie ist deine Telefonnummer? (Quel est ton numéro de téléphone ?)
- Wie ist deine Handynummer? (Quel est ton numéro de portable ?)
- Könnte ich bitte deine Schwester / deinen Bruder sprechen? (Est-ce que je pourrais parler à ta sœur/à ton frère, s'il te plaît ?)
- Einen Moment bitte, leg nicht **auf**. (Un moment, s'il te plaît, ne raccroche pas.)
- Ich muss die Auskunft **an**rufen. (Je dois appeler les renseignements.)
- Kann ich dich später noch einmal **an**rufen? (Est-ce que je peux te rappeler plus tard ?)
- Kannst du bitte lauter sprechen? (Peux-tu parler plus fort, s'il te plaît ?)
- Hinterlassen Sie bitte eine Nachricht nach dem Signalton. (S'il vous plaît, laissez un message après le bip sonore.)
- Auf Wiederhören! (Au revoir !)

le passé

Le passé peut s'exprimer à l'aide d'un temps simple, le prétérit, ou d'un temps composé, le parfait.
Ces deux temps ont la même valeur et correspondent à la fois à l'imparfait, au passé simple et au passé composé français.

Comme pour le présent, on distingue pour le prétérit les verbes faibles des verbes forts dont le radical change à toutes les personnes.

NB; certains verbes faibles, comme denken (penser), sont irréguliers; ils changent de radical et conservent cependant la terminaison propre aux verbes faibles.

Exemples;

machen (faire, verbe faible)
denken (penser, verbe irrégulier)

denken change de radical mais se conjugue comme un verbe faible

ich machte → ich dachte

du machtest → du dachtest

er machte → er dachte

wir machten → wir dachten

ihr machtet → ihr dachtet

sie machten → sie dachten

Forme de politesse;

Sie machten → Sie dachten

fahren (aller à l'aide d'un véhicule, → essen (manger, verbe fort)

verbe fort

ich fuhr → ich aß

du fuhrst → du aßest

er fuhr → er aß

wir fuhren → wir aßen

ihr fuhrt → ihr aßt

sie fuhren → sie aßen

Forme de politesse;

Sie fuhren → Sie aßen

Le parfait est un temps composé d'un auxiliaire conjugué (**haben** ou **sein**) et du participe passé du verbe employé. On emploie l'auxiliaire **sein** pour exprimer un déplacement ou un changement d'état, ainsi que pour les verbes **sein** et **bleiben** ; on emploie l'auxiliaire **haben** dans les autres cas, notamment pour les verbes suivis d'un complément d'objet et pour les verbes pronominaux.

Le participe passé des verbes faibles est, la plupart du temps, composé du préfixe **ge-** qui précède le radical et du suffixe **-t** qui vient s'y greffer. Pour les verbes forts, le préfixe est **ge-** tandis que le suffixe est **-en**.

Exemples;

Verbes faibles

ich habe gesagt (j'ai dit)

ich habe geträumt (j'ai rêvé)

Verbes forts

ich habe mich gewaschen (je me suis lavé)

ich habe getrunken (j'ai bu)

ich habe gegessen (j'ai mangé)

ich habe geschlafen (j'ai dormi)

ich bin gewesen (j'ai été)

ich bin geblieben (je suis resté)

ich bin geschwommen (j'ai nagé)

ich bin gelaufen (j'ai marché/j'ai couru)

Les temps passés des auxiliaires;

Le prétérit

haben (j'avais/j'eus) → sein (j'étais/je fus) → werden (je devenais/je devins)

ich hatte → ich war → ich wurde

du hattest → du warst → du wurdest

er / sie / es hatte → er / sie / es war → er / sie / es wurde

wir hatten → wir waren → wir wurden

ihr hattet → ihr wart → ihr wurdet

sie hatten → sie waren → sie wurden

Forme de politesse;

Sie hatten → Sie waren → Sie wurden

Le parfait

(auxiliaire au présent + participe passé)

haben (j'ai eu) → sein (j'ai été) → werden (je suis devenu)

ich habe...gehabt → ich bin...gewesen → ich bin...geworden

du hast...gehabt → du bist...gewesen → du bist...geworden

er hat...gehabt → er ist...gewesen → er ist...geworden

etc. → etc. → etc.

Le plus-que-parfait

(auxiliaire au prétérit + participe passé)

haben (j'avais eu) → sein (j'avais été) → werden (j'étais devenu)

ich hatte...gehabt → ich war...gewesen → ich war...geworden

du hattest...gehabt → du warst...gewesen → du warst...geworden

er hatte...gehabt → er war...gewesen → er war...geworden

etc. → etc. → etc.

le futur

Pour former le futur, on emploie l'auxiliaire **werden** conjugué au présent et le verbe à l'infinitif;

ich werde kommen (je viendrai)

du wirst kommen (tu viendras)

er wird kommen (il viendra)

wir werden kommen (nous viendrons)

ihr werdet kommen (vous viendrez)

sie werden kommen (ils viendront)

forme de politesse

Sie werden kommen (vous viendrez)

Dans une proposition indépendante, l'auxiliaire conjugué est en deuxième position tandis que le verbe à l'infinitif se trouve à la fin de la proposition;

Nächste Woche werden wir in Urlaub fahren.
(La semaine prochaine, nous partirons en vacances.)

Dans une proposition dépendante, l'auxiliaire conjugué est placé à la fin de la proposition et précédé du verbe à l'infinitif;

Sie sagt, dass sie die Arbeit beenden wird.
(Elle dit qu'elle terminera le travail.)

Grammaire

Les déclinaisons

L'allemand est une langue qui utilise des déclinaisons; selon la fonction qu'il occupe dans la phrase, tel ou tel article ou adjectif portera telle ou telle déclinaison.

Le nominatif est le cas du sujet;

➜ **Der Hund beißt. (Le chien mord.)**

➜ **Die Lehrerin kommt. (La prof arrive.)**

➜ **Das Schiff schlingert. (Le navire tangue.)**

L'accusatif est le cas du complément d'objet direct;

➜ **Ich esse den Apfel. (Je mange la pomme.)**

Ich kaufe die Zeitung. (J'achète le journal.)

➜ **Ich betrachte das Schiff. (Je regarde le navire.)**

Le datif est le cas du complément d'objet indirect (lorsqu'il s'agit de groupes nominaux, le groupe nominal au datif se place avant le groupe nominal à l'accusatif);

➜ **Ich gebe dem Schaffner meine Fahrkarte. (Je donne mon billet au contrôleur.)**

➜ **Der Film gefällt der alten Dame nicht. (Le film ne plaît pas à la vieille dame.)**

➜ **Der Hund gehorcht dem Mädchen nicht. (Le chien n'obéit pas à la demoiselle.)**

Lorsqu'on a un groupe nominal et un pronom, le pronom se place avant le groupe nominal;

➜ **Ich gebe ihm meine Fahrkarte (Je lui donne mon billet.)**

➜ **Ich gebe sie dem Schaffner (Je le donne au contrôleur.)**

➜ **Ich gebe sie ihm (Je le lui donne.)**

(Die Fahrkarte est un nom féminin, il est donc repris par le pronom **sie**.)

Attention;
Certains verbes sont suivis d'un complément d'objet direct décliné au datif;

➜ **Ich helfe dem alten Mann / der alten Frau. (J'aide le vieux monsieur / la vieille dame.)**

Le génitif est le cas du complément du nom;

➜ **Die Zeitung des Vaters. (Le journal du père.)**

➜ **Das Buch der Mutter. (Le livre de la mère.)**

➜ **Das Spielzeug des Kinds / des Kindes. (Le jouet de l'enfant.)**

Les substantifs (noms communs) ne se déclinent pas,
- sauf au **génitif** singulier où les noms masculins et neutres prennent un **-s**;

das Buch des Lehrers (le livre du professeur),

die Tasche des Mädchens (le sac de la demoiselle) ;

- sauf au **datif pluriel** où l'on rajoute un **-n** aux noms masculins, féminins ou neutres qui ne se terminent pas déjà par **-n** ou **-s**.

La forme plurielle d'un nom est souvent différente de la forme qu'a ce nom au singulier, c'est pourquoi il faut apprendre pour chaque substantif la forme qu'il a au pluriel;

der Mann / die Männer (l'homme/les hommes),

der Tisch / die Tische (la table/les tables).

Le pluriel des noms féminins est souvent en **-en**;

die Schule / die Schulen (l'école/les écoles),

die Gruppe / die Gruppen (le groupe/les groupes).

Certains noms masculins prennent **-n** ou **-en** à tous les cas, sauf au nominatif singulier. On les appelle des masculins faibles;

**der Affe (den Affen... le singe),
der Bär (den Bären... l'ours),
der Hase (den Hasen... le lièvre),
der Löwe (den Löwen... le lion),
der Kunde (den Kunden... le client),
der Junge (den Jungen... le jeune),
der Nachbar (den Nachbarn... le voisin),
der Bauer (den Bauern... le paysan)...**

La plupart des masculins faibles sont des noms d'origine étrangère;

der Philosoph, der Student, der Präsident, der Pilot, der Demokrat...

La déclinaison faible et la déclinaison forte

La déclinaison de l'adjectif épithète n'est pas la même après l'article défini der, die, das et après l'article indéfini ein, eine, ein; après l'article défini, la déclinaison est dite faible ; après l'article indéfini, elle est dite forte. Il est important de noter que la forme indéfinie au pluriel est marquée par l'absence d'article; grüne Bäume (des arbres verts).

Déclinaison faible de l'adjectif épithète après der, die, das			
	Masculin (l'homme riche)	Féminin (la belle femme)	Neutre (la vieille voiture)
Nominatif	der reiche Mann	die schöne Frau	das alte Auto
Accusatif	den reichen Mann	die schöne Frau	das alte Auto
Datif	dem reichen Mann	der schönen Frau	dem alten Auto
Génitif	des reichen Mann(e)s	der schönen Frau	des alten Autos
Pluriel faible de l'article et de l'adjectif commun au trois genres (Les vieux hommes, les belles femmes, les vieilles voitures)			
Nominatif	die alten Männer	die schönen Frauen	die alten Autos
Accusatif	die alten Männer	die schönen Frauen	die alten Autos
Datif	den alten Männern	den schönen Frauen	den alten Autos
Génitif	der alten Männer	der alten Frauen	der alten Autos

Déclinaison forte de l'adjectif épithète après ein, eine, ein			
	Masculin (un homme riche)	Féminin (une belle femme)	Neutre (une vieille voiture)
Nominatif	ein reicher Mann	eine schöne Frau	ein altes Auto
Accusatif	einen reichen Mann	eine schöne Frau	ein altes Auto
Datif	einem reichen Mann	einer schönen Frau	einem alten Auto
Génitif	eines reichen Mann(e)s	einer schönen Frau	eines alten Autos
Pluriel faible de l'adjectif commun au trois genres (de vieux hommes, de belles femmes, de vieilles voitures)			
Nominatif	alte Männer	schöne Frauen	alte Autos
Accusatif	alte Männer	schöne Frauen	alte Autos
Datif	alten Männern	schönen Frauen	alten Autos
Génitif	alter Männer	alter Frauen	alter Autos

L'adjectif démonstratif dieser, diese, dieses (ce, cette) se décline comme l'article **der**, **die**, **das**.

Exemples;

Nominatif masuclin;

Dieser reiche Mann ist arrogant. (Cet homme riche est arrogant.)

Accusatif féminin;

Er bewundert diese sehr schöne Frau. (Il admire cette très belle femme.)

Génitif neutre;

Der Motor dieses alten Autos springt nicht mehr an. (Le moteur de cette vielle voiture ne démarre plus.)

L'indéfini viele (beaucoup de) est suivi de la déclinaison forte;

viele schöne Schiffe segeln auf dem Meer. (Beaucoup de beaux navires voguent sur la mer.)

Ich sehe viele große Gebäude. (Je vois de nombreux grands bâtiments.)

Il en va de même pour **einige** (quelques);

Ich sehe noch einige schlimme Fehler. (Je vois encore quelques fautes graves.)

L'adjectif possessif **mein**, **dein**, **sein**/ **ihr**, **unser**, **euer**, **ihr** (mon, ton, son, notre, votre, leur) se décline comme l'article indéfini **ein** et est suivi de la déclinaison forte;

Masculin;

Mein neuer Wagen verbraucht viel Benzin (Ma nouvelle voiture consomme beaucoup d'essence.)

Féminin;

Meine neue Hose ist blau. (Mon nouveau pantalon est bleu.)

Neutre;

Sein letztes Buch ist ein Bestseller. (Son dernier livre est un bestseller.)

Le pronom possessif se décline comme un adjectif épithète à la déclinaison forte;

Dieser Wagen fährt schneller als meiner. (Cette voiture roule plus vite que la mienne.)

Diese Waschmaschine ist älter als deine. (Cette machine à laver est plus vielle que la tienne.)

Dieses Haus ist schöner als unseres. (Cette maison est plus belle que la nôtre.)

L'expression es gibt (il y a) est toujours suivie de l'accusatif;

Es gibt einen Computer auf dem Tisch. (Il y a un ordinateur sur la table.)

Es gibt viele gute Restaurants in diesem Viertel / in diesem Viertel gibt es viele gute Restaurants. (Il y a beaucoup de bons restaurants dans ce quartier.)

Le pronom relatif a généralement la même forme que l'article ; la proposition relative étant une dépendante, il ne faut pas oublier de mettre le verbe conjugué à la fin de la relative et d'employer des virgules afin de séparer la relative de la proposition principale.

Exemples;

Der Mann, den ich gegrüßt habe, ist mein Nachbar. (L'homme que j'ai salué est mon voisin.)

Die Frau, der ich Geld gebe, ist meine Schwester. (La femme à qui je donne de l'argent est ma sœur.)

Cas particuliers;

Au génitif singulier et pluriel, ainsi qu'au datif pluriel, le pronom relatif est différent de l'article défini;

Génitif masculin;

Der Mann, dessen Uniform blau ist, ist Polizist. (L'homme dont l'uniforme est bleu est policier.)

Génitif féminin;

Die Mutter, deren Kinder gestorben sind, ist krank geworden. (La mère dont les enfants sont morts est tombée malade.)

Génitif neutre;

Das Kind, dessen Ball verschwunden ist, weint. (L'enfant dont le ballon a disparu pleure.)

Pluriel commun aux trois genres;

Die Bauern, deren Ernten zerstört sind, hängen von staatlichen Subventionen ab. (Les paysans dont les récoltes sont détruites dépendent de subventions de l'État.)

NB; le groupe nominal ou le nom qui suit le pronom relatif au génitif n'est précédé d'aucun article.

Datif pluriel commun aux trois genres;

Die Tiere, denen wir Futter geben, sind nicht wild. (Les animaux à qui nous donnons à manger ne sont pas sauvages.)

Les prépositions

Certaines prépositions sont toujours suivies de l'accusatif; **durch** (à travers), **für** (pour), **gegen** (contre), **ohne** (sans), **um** (autour).

Certaines prépositions régissent toujours le datif; **aus** (hors de), **bei** (chez ; quand on y est), **mit** (avec), **nach** (vers, en direction de), **seit** (depuis), **von** (de), **zu** (chez, à ; quand on s'y rend).

Certaines prépositions régissent le génitif;

trotz (malgré), während (pendant), wegen (à cause de).

Enfin, certaines prépositions sont dites « mixtes » ; cela signifie qu'elles peuvent régir l'accusatif ou le datif. Il s'agit de prépositions de lieu qui sont suivies de l'accusatif lorsqu'elles indiquent qu'il y a un déplacement, un changement de lieu, et du datif lorsqu'il n'y a pas de changement de lieu (locatif); **an** (à), **auf** (sur), **hinter** (derrière), **in** (dans), **neben** (à côté), **über** (au-dessus), **unter** (sous, en-dessous), **vor** (devant), z**wischen** (entre).

Exemples;

Accusatif;

Ich lege das Buch auf den Tisch. (Je pose le livre sur la table.)

Datif;

Das Buch liegt auf dem Tisch. (Le livre est posé sur la table.)

Accusatif;

Ich steige in den Wagen. (Je monte dans la voiture.)

Datif;

Ich sitze im (= in dem) Wagen. (Je suis assis dans la voiture.)

Certaines prépositions peuvent se contracter avec l'article qui suit;

im = in dem (dans, locatif masculin et neutre)

ins = in das (dans, directif neutre)

am = an dem (au, locatif masculin et neutre)

beim = bei dem (chez le, locatif masculin et neutre)

fürs = für das (pour le, neutre)

zum = zu dem (à, chez le, directif masculin et neutre)

zur = zu der (à, chez la, directif féminin)

vom = von dem (du, masculin et neutre)

Les verbes, les temps et les modes

Les verbes faibles

Les verbes faibles sont des verbes dont le radical reste le même aux différents temps.

Exemples de conjugaison ; verbe fragen, demander

Présent	Prétérit	Parfait
ich frage	ich fragte	ich habe...gefragt
du fragst	du fragtest	du hast...gefragt
er fragt	er fragte	er hat...gefragt
wir fragen	wir fragten	wir haben...gefragt
ihr fragt	ihr fragtet	ihr habt...gefragt
sie fragen	sie fragten	sie haben...gefragt
Sie fragen (forme de politesse)	*Sie fragten (forme de politesse)*	*Sie haben...gefragt (forme de politesse)*

Plus-que-parfait	Futur	Subjonctif II (=conditionnel)
ich hatte...gefragt	ich werde...fragen	ich würde...fragen
du hattest...gefragt	du wirst...fragen	du würdest...fragen
er hatte...gefragt	er wird...fragen	er würde...fragen
wir hatten...gefragt	wir werden...fragen	wir würden...fragen
ihr hattet...gefragt	ihr werdet...fragen	ihr würdet...fragen
sie hatten...gefragt	sie werden...fragen	sie würden...fragen
Sie hatten...gefragt (forme de politesse)	*Sie werden...fragen (forme de politesse)*	*Sie würden...fragen (forme de politesse)*

Impératif

2e personne du singulier ; **frag(e)... !**
1re personne du pluriel ; **fragen wir... ! / lasst uns...fragen !**
2e personne du pluriel ; **fragt... !**
Forme de politesse ; **fragen Sie...** !

Conjugaison d'un verbe faible réfléchi ; sich freuen (se réjouir)

Présent	Prétérit	Parfait
ich freue mich	ich freute mich	ich habe mich...gefreut
du freust dich	du freutest dich	du hast dich...gefreut
er freut sich	er freute sich	er hat sich...gefreut
wir freuen uns	wir freuten uns	wir haben uns...gefreut
ihr freut euch	ihr freutet euch	ihr habt euch...gefreut
sie freuen sich	sie freuten sich	sie haben sich...gefreut
Sie freuen sich (forme de politesse)	*Sie freuten sich (forme de politesse)*	*Sie haben sich...gefreut (forme de politesse)*

Plus-que-parfait	Futur	Subjonctif II
ich hatte mich...gefreut	ich werde mich...freuen	ich würde mich...freuen
du hattest dich...gefreut	du wirst dich...freven	du würdest dich...freven
er hatte sich...gefreut	er wird sich...freuen	er würde sich...freven
wir hatten uns...gefreut	wir werden uns...freuen	wir würden uns...freven
ihr hattet euch...gefreut	ihr werdet euch...freuen	ihr würdet euch...freven
sie hatten sich...gefreut	sie werden sich...freuen	sie würden sich...freven
Sie hatten sich...gefreut (forme de politesse)	*Sie werden sich...freuen (forme de politesse)*	*Sie würden sich...freuen (forme de politesse)*

Impératif

2e personne du singulier ; **freue dich... !**
1re personne du pluriel ; **freuen wir uns... !**
2e personne du pluriel ; **freut euch... !**
Forme de politesse ; **freuen Sie sich... !**

Remarques ;

Le participe passé des verbes faibles se composen du préfixe ge- et du suffixe -t lorsque le verbe est accentué sur la première syllabe. Dans les autres cas, le préfixe **ge-** disparaît ; ainsi, tous les verbes commençant par **be-**, **ge-**, **emp-**, **ent-**, **er-**, **miss-**, **ver-**, **zer-**, **wider-**, ainsi que les verbes se terminant par **-ieren**, ne sont pas accentués sur la première syllabe et ne prennent pas de **ge-** au participe passé.

Exemples ;

bezahlen (payer) ;
Ich habe bezahlt. (J'ai payé.)

erzählen (raconter) ;
Ich habe dir die Geschichte erzählt.
(Je t'ai raconté l'histoire.)

telefonieren ; Ich habe mit ihm telefoniert. (Je lui ai téléphoné.)

Les verbes de modalité

Les verbes de modalité sont des verbes irréguliers qui servent à modaliser, c'est-à-dire à nuancer, ce que l'on dit ;

wollen (vouloir)
présent ; ich will, du willst, er will, wir wollen, ihr wollt, sie wollen

prétérit (sur le modèle d'un verbe faible) ; ich wollte, du wolltest, er wollte...

Exemple ; Wir wollen heute ins Kino gehen. (Nous voulons aller au cinéma aujourd'hui.)

sollen (devoir, lorsqu'il s'agit de la volonté d'autrui) ;
présent ; ich soll, du sollst, er soll, wir sollen, ihr sollt, sie sollen

prétérit ; (sur le modèle d'un verbe faible) ; ich sollte, du solltest, er sollte...

Exemple ;
Soll ich dieses Buch bestellen?
(Dois-je commander ce livre ?
= Voulez-vous que je commande ce livre ?)

müssen (devoir, lorsqu'il s'agit de circonstances)
présent ; ich muss, du musst, er muss, wir müssen, ihr müsst, sie müssen

prétérit ; (sur le modèle d'un verbe faible) ; ich musste, du musstest, er musste...

Exemple ;
Mein Fernseher ist kaputt, ich muss einen neuen kaufen.
(Ma télévision est fichue, je dois en acheter une nouvelle.)